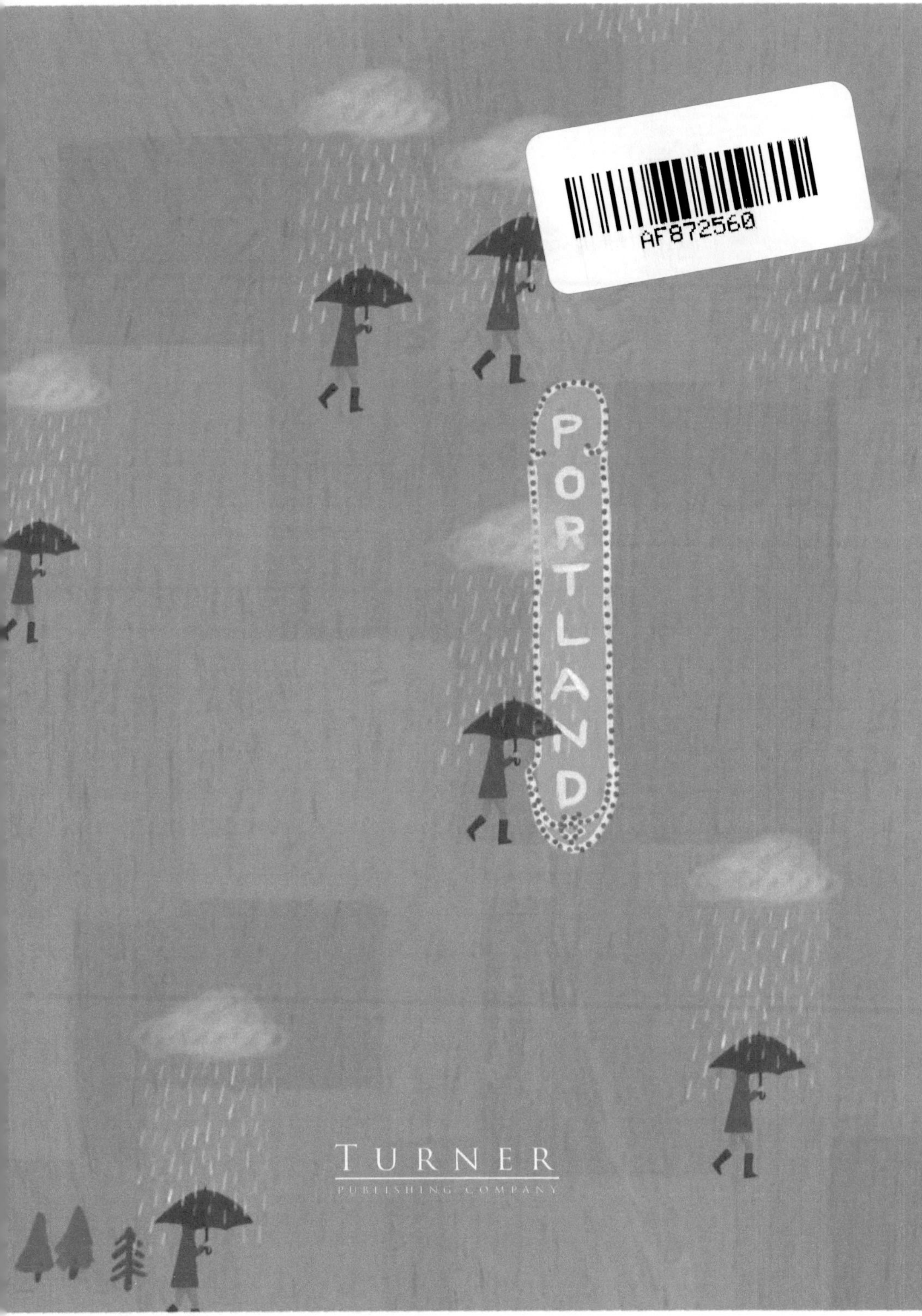

TURNER
PUBLISHING COMPANY

www.ingramcontent.com/pod-product-compliance
Lightning Source LLC
LaVergne TN
LVHW040621090726
842905LV00030B/382
* 9 7 8 1 6 4 2 5 0 4 4 3 9 *